LEON

Smoothies, Säfte & Cocktails

NATÜRLICH SCHNELLE REZEPTE

LEON

NATÜRLICH SCHNELLE REZEPTE

Smoothies, Säfte & Cocktails

Von Henry Dimbleby, Kay Plunkett-Hogge, Claire Ptak & John Vincent

FOTOGRAFIEN VON GEORGIA GLYNN SMITH • DESIGN VON ANITA MANGAN

DUMONT

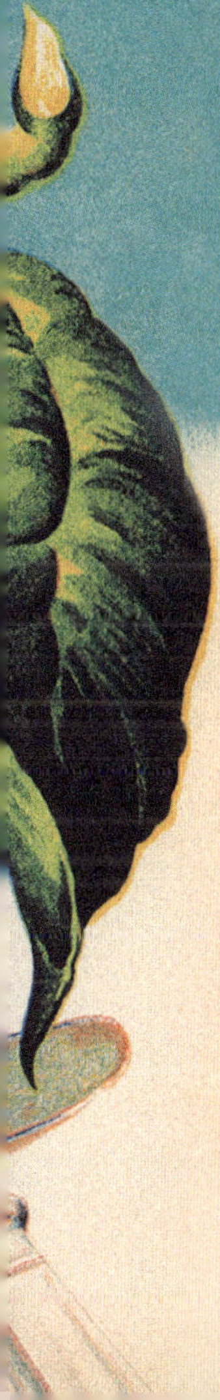

Inhalt

Einleitung

„Prost". „Zum Wohl". „Cheers". Es hat schon seinen Grund, warum wir den Akt des Anstoßens mit unterschiedlichen Aussagen begleiten. Sie gehören zu verschiedenen Anlässen.

In diesem Buch haben wir die ganze Bandbreite flüssiger Erfrischungen zusammengetragen. Der Weltkongress der Getränke sozusagen. Jedes mit seinem eigenen Namensschild und Informationen im Gepäck. Von spritzigen und legeren Smoothies bis hin zu den schicksten Cocktails.

Sie werden den Leon-Power-Smoothie kennenlernen. (Er wird Ihnen nicht dabei behilflich sein, die Weltherrschaft an sich zu reißen. Er ist noch viel besser.) Sie werden außerdem erfrischende Sommer- und wärmende Winterdrinks finden. Und einen Halloween-Punsch.

Wir möchten dem erweiterten Leon-Freundeskreis (aus der entfernteren Leon-Familie) danken. Dazu zählen „Onkel" Ian, der eine Zeit lang unser Restaurantmanager war, ein charmanter und talentierter Mann, und Tom Ward, der gerade seine eigene Metzgerei eröffnet. Und Vince Jung, dem das berühmte Formosa Café in Hollywood (ja, in Amerika!) gehört und der uns erlaubt hat, seine Margarita hier in großen Lettern zu präsentieren.

Ein Fußballtrainer hat einmal gesagt, dass ihn das Schreiben seiner Mannschaftsaufstellung jedes Mal in Aufregung versetzt. Genauso geht es uns mit dieser Drink Sammlung. Hätten wir sie alle vor Spielbeginn in der Garderobe um uns versammelt, würden wir ihnen sagen: „Wir haben viel durchgemacht. Wir haben hart trainiert. Wir waren gemeinsam bis zum Morgengrauen wach. Wir waren bei unseren ersten Dates füreinander da. Alleine sind wir super. Aber als Team sind wir am stärksten. Also geht raus und gebt jedem, der dieses Buch gekauft hat, was er verdient. Einen Drink für den heißesten aller Tage. Für das schlimmste Schneegestöber. Für die Bekanntgabe einer Verlobung. Für jene, die vergessen und vergeben wollen. Geht raus und wirkt Wunder."

Wir hoffen, es geht Ihnen genauso.

Basisausstattung

Microplane-Zitrusreibe

Um die Schale von Zitrusfrüchten abzureiben. Verwenden Sie eine herkömmliche Zitrusreibe, müssen Sie die Schale anschließend fein hacken. Aber geben Sie Acht, sich von der einfachen Handhabung der Microplane-Reibe nicht so in den Bann ziehen zu lassen, dass sie unabsichtlich die weiße Haut mitreiben – die ist nämlich schrecklich bitter.

Messlöffel

Am besten hat man ein Set davon und verwendet dieses für alles. Auch wenn das vielleicht nur Einbildung ist, sind wir der Meinung, dass unterschiedliche Sets leicht voneinander abweichen.

Messbecher

WIEGEN Sie Wasser immer mit einer Waage. Mit einem Messbecher lässt sich die Menge grob bestimmen, aber für viele Rezepte ist diese Technik nicht genau genug.

Schnellschäler

Der Besitz jeder anderen Art von Sparschäler ist schiere Verrücktheit – ungefähr so, wie Björn Borg, der sein Comeback im Profitennis mit einem Holzschläger versuchte. Die Schnellschäler sind die weitaus effizientesten.

Gemüsemesser

Für all die kleinen Arbeiten wie das Befreien eines Kuchen aus seiner Form, das Zurechtschneiden von Früchten oder das Einschneiden von Brotteig.

Fruchtpresse (oder Zitruspresse)

Perfekt, um den gesamten Saft aus einer kleinen Menge von Früchten zu pressen. Billig, einfach zu säubern, effizient, langlebig, wunderschön, simpel und sicher.

Stabmixer

Für Fruchtpürees, für die Herstellung von Milch aus Samen, zum Binden von geronnenen Schokolade-Butter-Mischungen und um Aromen gekonnt zu vermischen.

Eismaschine

Purer Luxus, da sich auch ohne Eismaschine köstliches Eis herstellen lässt. Trotzdem, Sie könnten damit eine Menge Spaß haben und es spart Zeit.

Schälmesser

Ein Profimesser, mit dessen Hilfe man Obst in besonders schöne Formen bringen kann.

Zitrusreibe

Kommt zum Einsatz, wenn Sie Speisen und Getränken ein leichtes Zitrusaroma verleihen und die abgeriebene Schale wieder heraussieben wollen – beispielsweise bei Pochierflüssigkeiten oder Eiscremegrundrezepten.

Außerdem lassen sich köstliche kandierte Zitrusschalen herstellen, wenn man diese in einfachem Sirup pochiert.

SMOOTHIES & SÄFTE

Energy-Booster-Smoothie

PORTIONEN: 4 • VORBEREITUNGSZEIT: 5 MINUTEN • GARZEIT: KEINE • ❤ WF GF MF V

Der König aller Smoothies. Dieser „bad boy“ (sorry, „good boy“ – ein sehr guter Junge sogar) platzt fast vor lauter gesunden Omega-3-Fettsäuren und vereint alle Vitamine des Alphabets. Seine Geheimwaffe ist die Avocado, eine der besten Zutaten, die die Natur zu bieten hat. Sie liefert nicht nur essenzielle Aminosäuren, sondern macht den Smoothie auch herrlich cremig.

1 **Avocado**
JE 2 Handvoll von drei der folgenden Zutaten:
entstielte **Erdbeeren**, **Himbeeren**,
Blaubeeren, **Brombeeren**, **Loganbeeren**
200 ml **Orangensaft**
1 EL **Leinsamen**, pur oder geröstet
2 reife **Bananen**

1. Alles in den Standmixer geben – das ist keine exakte Wissenschaft, werfen Sie einfach alles hinein – und mixen, bis eine weiche Creme entsteht.

TIPPS

* Verwenden Sie frische Beeren der Saison und frieren Sie gleich einen Vorrat für den Winter ein. Geben Sie sie einfach gefroren in den Mixer und Sie bekommen einen herrlich kühlen Smoothie.
* Wenn Sie wollen, können Sie auch Sojamilch statt des Orangensafts verwenden. In diesem Fall fügen Sie am besten ein wenig Honig oder Agavendicksaft hinzu, um die Süße des Orangensafts zu ersetzen.

Pulse

Erdbeer-Power-Smoothie

ERGIBT: 2 MITTELGROSSE GLÄSER • ZUBEREITUNGSZEIT: 5 MINUTEN • GARZEIT: KEINE • ✓ WF GF V

Als wir diesen Smoothie in unsere Speisekarte aufnahmen, meinte einer unserer Stammgäste, dies sei „ein weiterer kleiner Schritt für die Menschheit“.

1 kleine **Banane**
eine kleine Handvoll frische
oder tiefgefrorene **Erdbeeren**
60g **Haferflocken**
1 EL klarer **Honig**
125 ml **griechischer Joghurt**
150 ml **Vollmilch**

TIPP

* Anstelle von frischen oder tiefgefrorenen Erdbeeren können Sie auch Erdbeermarmelade verwenden.

1. Banane schälen und Erdbeeren entstielen.
2. Alle Zutaten in den Mixer geben und pürieren.

Brombeer-Power-Smoothie

ERGIBT: 2 MITTELGROSSE GLÄSER • ZUBEREITUNGSZEIT: 5 MINUTEN • GARZEIT: KEINE • ✓ WF GF V

Diesen Smoothie nehmen wir im Herbst in unsere Speisekarte auf, wenn die Erdbeerzeit vorüber ist.

1 kleine **Banane**
eine kleine Handvoll frische
oder tiefgefrorene **Brombeeren**
60 g **Haferflocken**
1 EL klarer **Honig**
125 ml **griechischer Joghurt**
150 ml **Vollmilch**

TIPP

* Anstelle von frischen oder tiefgefrorenen Brombeeren können Sie auch Brombeermarmelade verwenden.

1. Banane schälen und Brombeeren waschen.
2. Alle Zutaten in den Mixer geben und pürieren.

Kiwi-Frühstücks-Smoothie

ERGIBT: 4 MITTELGROSSE GLÄSER • ZUBEREITUNGSZEIT: 5 MINUTEN
GARZEIT: KEINE • ❤ ✓ WF GF V

Für alle, die keine Bananen mögen, ist dieser Smoothie eine tolle Alternative.

2 **Kiwis**
eine große Handvoll **Beeren** nach Wahl
1 TL **Leinsamen**
1 TL **Sonnenblumenkerne**
125 ml **griechischer Joghurt**
125 ml **frischer Orangensaft**

1. Kiwis schälen und die Beeren waschen.
2. Alle Zutaten in den Mixer geben und gut pürieren.

Möhren-Orangen-Ingwer-Saft

ERGIBT: 2 MITTELGROSSE GLÄSER • ZUBEREITUNGSZEIT: 5 MINUTEN
GARZEIT: KEINE • ❤ ✓ WF MF GF V

Diese Vitaminbombe wirkt wahre Wunder bei Erkältungen und ist längst fester Bestandteil der LEON-Speisekarte.

3 **Möhren**
ein daumengroßes Stück **frischer Ingwer**
500 ml **frisch gepresster Orangensaft**

1. Möhren und Ingwer schälen.
2. Beides in den Entsafter geben und den Saft in einen großen Becher füllen.
3. Den frisch gepressten Orangensaft hinzu geben und gut vermischen.

TIPP

* Falls Sie keinen frischgepressten Orangensaft haben: eine Flasche Orangensaft tut's auch.

Gabrielas grüner Smoothie

ERGIBT: 6 GLÄSER • ZUBEREITUNGSZEIT: 5 MINUTEN • GARZEIT: KEINE • ❤ ✓ WF GF V

Unsere Freundin Gabriela ist Spezialistin für Rohkost. Ihre Smoothie-Kreation ist etwas für Leute, die das Ungewöhnliche lieben. Manche lieben diesen Smoothie über alles, andere finden ihn absolut ungenießbar. Der rohe Grünkohl hat einen überraschend süßen Geschmack – probieren Sie es mal aus.

4 Blätter **Grünkohl**, ohne Stengel
250 ml **Milch** oder eine milchfreie Alternative, z. B. **Reis-**, **Soja-** oder **Mandelmilch**
1 **Banane**
1 **Birne**
1 EL **Honig**
1 EL **Mandelbutter**
1 gestrichener EL **Kakaopulver**

TIPP

* Anstelle von Mandelbutter können Sie auch Erdnussbutter nehmen.

1. Grünkohl im Mixer mit der Milch und 150 ml Wasser pürieren.
2. Restlichen Zutaten hinzufügen und gut vermischen.

Hatties supergesunder Mandel-Smoothie

ERGIBT: 2 GLÄSER • ZUBEREITUNGSZEIT: 5 MINUTEN • GARZEIT: KEINE • ❤ WF MF GF V

Für alle, die nach einem milchfreien Smoothie dürsten.

1 **Kiwi**
1 mittelgroße **Banane**
2 große Handvoll **Beeren**, je nach Saison
8 **Mandeln** mit Haut
2 gehäufte EL **Haferflocken**
1 EL **Kürbiskerne**
1 EL **Sonnenblumenkerne**
250 ml **Reis-**, **Mandel-** oder **Sojamilch**

1. Kiwis und Banane schälen. Beeren waschen.
2. Alle Zutaten in den Mixer geben und gut pürieren.

Kalter Gurken-Limetten-Drink

ERGIBT 2 LITER (OHNE EIS) • ❤ ✓ WF MF GF V

Sieht nicht nur unglaublich köstlich und erfrischend aus, sondern schmeckt auch so.

1 **Salatgurke**
1 **Limette**
1,5 Liter **kaltes Wasser**

1. Die Salatgurke schälen und die Schalen wegwerfen. Mit dem Sparschäler das Gurkenfleisch in lange flache Spiralen schälen und die Gurke dabei ständig drehen. Die Gurkenspiralen direkt in eine Glaskaraffe geben und immer weiter schälen, bis zu den kleinen Kernen.
2. Den Limettensaft und anschließend das Wasser mit viel Eis dazugeben.

Kalte Melonenschorle

ERGIBT 1,4 LITER • ❤ ✓ WF MF GF V

1 reife **Cantaloupe-Melone**
Saft von 2 **Limetten**
1 Liter **kaltes Sprudelwasser**

1. Die Melone schälen und die Kerne entfernen. Das Fruchfleisch in Stücke schneiden und in einem Mixer mit dem Saft von 1 Limette vermischen.
2. Durch ein Sieb in eine Glaskaraffe gießen und soviel Saft wie möglich dabei durchpressen.
3. Mit Sprudelwasser auffüllen und servieren.

VON LINKS: KALTE ERDBEERSCHORLE, KALTER GURKEN-LIMETTEN-DRINK, KALTE MELONENSCHORLE

Tophs Erdbeerlimonade

PORTIONEN: 2 • VORBEREITUNGSZEIT: 5 MINUTEN • GARZEIT: KEINE • WF GF V

180 ml **Wasser** oder **Mineralwasser**
1–2 EL **Agavendicksaft** (je nachdem, wie süß es werden soll – ich mag es lieber säuerlich, also verwende ich nur 1 EL)
50 ml **Zitronensaft** (das entspricht etwa 2 Zitronen)
5–6 frische **Erdbeeren**, entstielt und in Stücke geschnitten

1. Alle Zutaten mixen (falls Sie ein bisschen Eis dazumischen wollen, lassen Sie einfach das Wasser weg).

Kalte Erdbeerschorle

ERGIBT 1,4 LITER • VORBEREITUNGSZEIT: 2 MINUTEN • GARZEIT: KEINE • ❤ ✓ WF MF GF V

300 g **Erdbeeren**
6 **frische Pfefferminzblätter**
Saft von 1 **Zitrone**
2 EL **Honig**
1 Liter **kaltes Sprudelwasser**

1. Alle Zutaten bis auf das Wasser in einem Mixer vermischen.
2. Je nach Wunsch Eis in den Mixer geben.
3. In eine Glaskaraffe füllen, Sprudelwasser hinzufügen und servieren.

Wassermelonen-Slurpie

PORTIONEN: 2–4 • VORBEREITUNGSZEIT: 10 MINUTEN • GARZEIT: KEINE • ❤ WF GF V

In ganz Thailand findet man die herrlichsten Fruchtsäfte. Die eiskalten Fruchtdrinks gibt es in unendlich vielen Geschmacksrichtungen – sie sind perfekt gegen die tropische Hitze. Unsere Lieblingssorte ist Wassermelone: pink, erfrischend und süß.

1 kleine reife **Wassermelone** (2–3 kg), geschält, entkernt und in Würfel geschnitten, am besten gekühlt
½ TL **Salz**
ein paar **Eiswürfel**
2 EL einfacher **Sirup** (siehe Seite 32)

1. Die Wassermelone mit dem Salz und den Eiswürfeln pürieren. Den Sirup nur dann dazugeben, wenn die Wassermelone nicht süß genug ist.

TIPPS

* Damit der Slurpie noch mehr nach Thailand schmeckt, können Sie 1 oder 2 Esslöffel gesüßte Kondensmilch oder ein bisschen Kokosmilch zufügen.
* Fügen Sie noch etwas frische Minze und einen Spritzer Zitronensaft zu.

Dattel-Shake

PORTIONEN: 2–4 • VORBEREITUNGSZEIT: 5 MINUTEN • GARZEIT: KEINE • WF GF V

15 ganze **Datteln**, entsteint und grob gehackt
250 ml **ungesüßte Sojamilch**
1 reife **Banane**, geschält und in Stücke geschnitten
2–4 **Eiswürfel**
1 Prise **gemahlener Zimt** oder **gemahlener Kardamom**

1. Alle Zutaten in einem Standmixer auf hoher Stufe gut pürieren, bis eine dicke Creme entsteht. Einschenken und sofort servieren.

TIPPS

* Sie können auch Vollmilch, Halbfettmilch oder Reismilch verwenden – das bleibt ganz Ihnen überlassen.
* Ersetzen Sie die Banane doch mal durch eine Kugel Vanilleeis oder noch eine Handvoll Datteln.

VON LINKS NACH RECHTS: DATTEL-SHAKE, WASSERMELONEN-SLURPIE, TOPHS ERDBEERLIMONADE

COCKTAILS

Soul Fruit Cup

FÜR 6 GLÄSER • VORBEREITUNGSZEIT: 1 MINUTE • GARZEIT: KEINE • WF GF V

Giles hat inzwischen seine eigene Firma, Soul Shakers, und bereist die Welt, um auf einigen der besten Partys Cocktails zu mixen (der Glückliche). Er hat eine Cocktailbar zur Regatta in Henley eingerichtet und seine Version des Pimm's serviert. Perfekt geeignet, an einem heißen Sommertag getrunken zu werden, wenn andere in Schweiß geraten.

100 ml **Gin**
75 ml **Campari**
100 ml süßer **Wermut**
150 ml Saft von rosa **Grapefruits**
Saft von 2 **Zitronen**
6–8 **Gurkenscheiben**
Limonade (selbst gemacht oder gekauft)
Erdbeeren und **Minze** als Garnitur – nach Wunsch

1. Alkohol, Grapefruit- und Zitronensaft in einen Krug gießen.
2. Gurkenscheiben und Limonade hinzufügen und umrühren.
3. In geeiste Gläser gießen und mit Erdbeeren und/oder Minze garnieren, wenn Sie wollen.

Leons Sommerpunsch

FÜR 6 GLÄSER • VORBEREITUNGSZEIT: 5 MINUTEN • GARZEIT: KEINE • WF GF V

Denken Sie: Sommer, all Ihre besten Freunde, Ihr Garten, ein milder Abend, und England gewinnt die Fußball-WM.

16 **Erdbeeren**
2 **Birnen** (schön reif)
150 ml **Zuckersirup** (siehe Seite 32)
150 ml **Wodka**
120 ml **Zitronensaft**
1 Flasche **Prosecco**

1. Erdbeeren und Birnen pürieren und den Zuckersirup hinzufügen.
2. Das Püree in einen Krug gießen und mit Wodka und Zitronensaft mischen.
3. Mit Prosecco aufgießen und umrühren. In Champagnergläser gießen und einen Toast auf die Queen ausbringen.

The Rude Boy

FÜR 1 GLAS • VORBEREITUNGSZEIT: 2 MINUTEN • GARZEIT: KEINE • WF GF V

Das ist ein tropischer antialkoholischer Cocktail für Kinder, den wir für Kays Neffen Alexander und Alastair erfunden haben, als sie noch jünger waren. Der Höhepunkt seiner Entstehungsgeschichte war, als Alastair sowohl den Cocktail-Shaker entdeckte als auch die Tatsache, dass kohlensäurehaltige Getränke besser nicht geschüttelt werden – und das alles an einem Nachmittag.

Eiswürfel
1 **fertiger Mango-Maracuja-Smoothie**
Ginger Ale

TIPP

* Wenn Sie möchten, können Sie das Ginger Ale durch Ananas- oder Grapefruit-Limonade ersetzen.

1. Die Eiswürfel in ein schmales, hohes Longdrinkglas geben. Zur Hälfte mit dem Mango-Maracuja-Smoothie, den Rest mit Ginger Ale auffüllen. Kurz rühren, um alles zu vermischen, und sofort servieren.

Der Spritz

FÜR 2 GLÄSER • VORBEREITUNGSZEIT: 2 MINUTEN • GARZEIT: KEINE • WF GF V

Dieser Longdrink ist das ultimative venezianische Getränk. Er ist cool, bittersüß und farbenfroh – genau das, was man für eine Party braucht.

1 Schuss **Aperol** oder **Campari** pro Glas
250–300 ml **Prosecco** (oder **Weißwein** und **Mineralwasser**)
1 kleine Schale **Eis**
2 **Orangenspalten**
2 **eingelegte grüne Oliven**, abgespült

1. Einen Schuss Aperol oder Campari in jedes Glas geben.
2. Das Glas mit Prosecco oder mit Weißwein und Mineralwasser ungefähr bis zur Hälfte auffüllen. 1 Eiswürfel hineingeben.
3. Je 1 Orangenspalte und 1 Olive zusammen auf ein Cocktailspießchen stecken und in den Gläsern platzieren. Mit der Schale Eis servieren.

VON LINKS NACH RECHTS: THE RUDE BOY, DER SPRITZ, VINCE JUNGS MARGARITA

Vince Jungs Margarita

FÜR 1 GLAS • VORBEREITUNGSZEIT: 2 MINUTEN • GARZEIT: KEINE • WF GF V

Kays Freund Vince ist in dritter Generation Besitzer des Formosa Cafés, der legendären Hollywood-Bar, in der schon jeder, vom Filmstar bis zum Ganoven, bedient wurde seit … tja … das kommt darauf an, wen Sie fragen, aber niemand ist sich da so ganz sicher. Die Margaritas von Vince sind aber auf jeden Fall absolute Spitze.

60 ml **Tequila Silver**
30 ml **Cointreau**
Saft von 1 ½ **Limetten**
45 ml einfacher **Sirup** (siehe unten)

1. Einen Cocktailshaker mit Eis füllen und alle Zutaten hineingeben. Kräftig schütteln. On the rocks oder ohne Eis in einem Glas mit Salzrand servieren. Mit 1 Limettenspalte garnieren.

Einfacher Sirup

Die Basis für viele Cocktails ist ganz einfach herzustellen und wird Sie zahllose Margaritas und andere Cocktails lang begleiten.

100 g **Zucker**
100 ml **Wasser**

1. In einem Topf Zucker und Wasser bei niedriger bis mittlerer Temperatur erwärmen und so lange rühren, bis sich der Zucker vollständig aufgelöst hat. Nicht aufkochen lassen.
2. Den Topf zur Seite stellen und abkühlen lassen. Den abgekühlten Sirup in ein Marmeladenglas oder eine Flasche mit gut sitzendem Verschluss füllen und bis zum Gebrauch aufbewahren.

TIPPS

* Das Marmeladenglas oder die Flasche vor dem Gebrauch sterilisieren.
* Einfachen Sirup in Flaschen können Sie auch in den meisten Supermärkten kaufen.

Kamillen Fizz

PORTIONEN: 1 • VORBEREITUNGSZEIT: 5 MINUTEN • GARZEIT: KEINE • WF GF V

Dies ist ein etwas anspruchsvollerer Drink für jene, die sich für Cocktail-Kenner halten. Ich habe ihn für den International Finlandia Vodka Cup 2006 erfunden und bekam den Preis für den besten Longdrink dafür. Beim Big Chill im selben Jahr wurde er eimerweise getrunken. Kamille und Gurke passen wunderbar zusammen. Man kann den Wodka durch Gin ersetzen, was auch wirklich gut kommt (dann heißt er 10cc).

3 **Gurkenscheiben** (etwa so dick wie eine Pfund-Münze)
½ **Zitrone**, in 4 Spalten geschnitten
25 ml **Kamillenteesirup** (siehe unten)
40 ml **Wodka**
Eis
Sprudelwasser

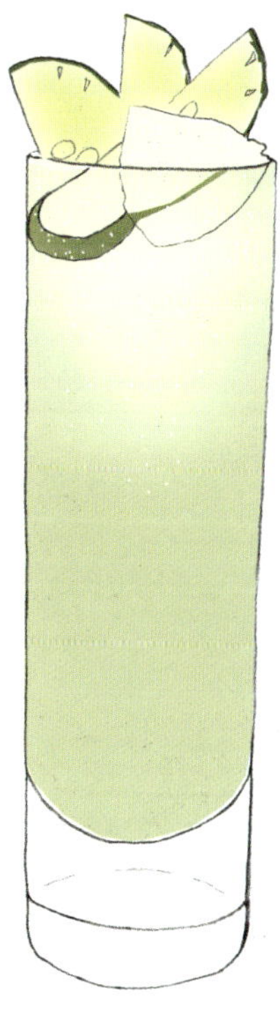

1. Gurkenscheiben und 3 Zitronenspalten mit 25 ml Kamillenteesirup kräftig verrühren, um Saft und Öl aus der Zitrone zu pressen.
2. Wodka und Eis hinzufügen und gut 10 Sekunden schütteln. In ein eisgefülltes Highball-Glas abseihen.
3. Mit Sprudelwasser aufgießen und mit der verbliebenen Zitronenspalte garnieren. Kippis!

Kamillenteesirup

Machen Sie einen starken Kamillentee – etwa 3 Teebeutel auf 200 ml Wasser. 5 Minuten ziehen lassen. Teebeutel herausnehmen und 200 g Zucker hinzufügen. Rühren, bis der Zucker sich aufgelöst hat, und abkühlen lassen.

HINTER DEN KULISSEN auf einer LEON-Party …

& Cable
Continental

Champagner-Cocktail

FÜR 1 GLAS • VORBEREITUNGSZEIT: 2 MINUTEN • GARZEIT: KEINE • ♥ ✓ WF GF MF V

Der perfekte Drink, um das neue Jahr zu begrüßen – in Schottland oder anderswo.

Angostura Bitter
1 **Zuckerwürfel**
Weinbrand
Champagner

1. Träufeln Sie einige Tropfen Angostura Bitter auf den Zuckerwürfel und geben Sie diesen in ein Champagnerglas.
2. Gießen Sie etwas Weinbrand zu. Es soll eigentlich nur ein Spritzer sein, aber wie ein Sprichwort besagt: Wer nicht wagt, der nicht gewinnt.
3. Füllen Sie das Glas mit Champagner auf.

TIPPS

* Sie können auch Sekt oder Prosecco oder jeden anderen weißen Schaumwein statt Champagner verwenden (machen wir normalerweise).
* Wenn Sie keinen Weinbrand mögen, können Sie ihn weglassen. Im Originalrezept kommt er nicht vor.

SOMMERLICHE ERFRISCHUNGEN

Eis am Stiel

FÜR JE 6 PORTIONEN • ZUBEREITUNGSZEIT: 10 MINUTEN
GEFRIERZEIT: ÜBER NACHT (MINDESTENS 2 1/2 STUNDEN) • ❤ ✓ WF MF GF V

Drei tolle Eis-am-Stiel für Erwachsene zur Erfrischung an einem heißen Sommertag.

Erdbeereis

❤ ✓ WF MF GF V

600 g **Erdbeeren**, entstielt
3 gestrichene TL **Fruchtzucker**
1 EL **Wodka**

Mangoeis

❤ ✓ WF MF GF V

2 kg **Mangofruchtfleisch**
3 gestrichene TL **Fruchtzucker**
1 EL **Wodka**

Baileyseis

✓ WF GF V

500 ml **Doppelrahm**
3 gestrichene TL **Fruchtzucker**
3 EL **Baileys**

1. Die Zutaten in den Mixer geben und fein pürieren.
2. Gleichmäßig in die Lutscherformen verteilen und Stiele hineinstecken (oder abgeschnittene Trinkhalme).
3. Zum Festwerden ins Gefrierfach legen.

TIPPS

* Der Wodka bringt das Fruchtaroma zur Geltung. Für Kinder einfach den Alkohol weglassen.
* Machen Sie ein Raketeneis – das ist zwar etwas knifflig, lohnt sich aber. Lassen Sie die Eismischungen schichtweise gefrieren. Träufeln Sie ein wenig geschmolzene Schokolade auf die Spitze (nur wenn die Lutscher wirklich gefroren sind!) und streuen dann ein wenig Brausepulver darüber.

Champagner-Granita

FÜR 4–6 PERSONEN • VORBEREITUNGSZEIT: 10 MINUTEN
GEFRIERZEIT: 3–4 STUNDEN • ❤ WF GF MF V

Ein herrlich leichtes Dessert. Oder Sie servieren die Granita als Neutralisierer zwischen Vorspeise und Hauptgang.

100 g **Feinstzucker**
200 ml **Wasser**
325 ml **Champagner** (½ Flasche)
Saft von 1 **Zitrone**

1. Lösen Sie den Zucker in einem kleinen Topf mit dem Wasser bei geringer Hitze auf. Rühren Sie dann den Champagner ein und geben Sie nach Belieben Zitronensaft zu.
2. Frieren Sie die Mischung in einem flachen, breiten Behälter ein. Rühren Sie die Masse alle 30 Minuten mit einem Schneebesen durch, damit die Eiskristalle aufgebrochen werden.

Wir wollten ursprünglich eine Absinth-Granita zubereiten. Leider war das Zeug so alkoholreich, dass es nicht gefror und ein tödlicher, eiskalter Absinthsirup übrig blieb. Es ist wirklich besser, bei Champagner zu bleiben.

CLAIRE

TIPPS

* Sie können mit vielen Zutaten experimentieren. Herber Roséwein und Obst passen gut zusammen, ebenso Kaffee und Wodka.
* Verschiedene Alkoholsorten harmonieren gut mit unterschiedlichen Früchten. Alkohol kann den Geschmack einer Frucht betonen, ihn verstärken und komplexer machen. Probieren Sie Grand Marnier mit Orange oder Kirschwasser mit Kirschen oder Ananas. Mittlerweile sind in Feinkostläden auch zahlreiche alkoholhaltige Getränke mit unterschiedlichen Früchten erhältlich. Sie können auch Birnen-, Quitten- und andere Schnapssorten verwenden.

GEGENÜBER OBEN: CHAMPAGNER-GRANITA, LINKS: QUITTEN-GRANITA, RECHTS: CLEMENTINEN-GRANITA

Clementinen-Granita

FÜR 4–6 PERSONEN • VORBEREITUNGSZEIT: 5 MINUTEN • GARZEIT: 10 MINUTEN
GEFRIERZEIT: 3–4 STUNDEN • ❤ WF GF MF V

Eine leichte, fruchtige Granita als Erfrischung im Winter.

100 ml **Wasser**
50 g **Feinstzucker**
300 ml **Klementinensaft**, durchgeseiht

1. Lassen Sie Wasser und Zucker bei niedriger Hitze köcheln, bis ein Sirup entsteht. Lassen Sie ihn auskühlen.
2. Rühren Sie den Klementinensaft ein.
3. Gefrieren Sie die Mischung in einem flachen, breiten Behälter. Rühren Sie die Masse alle 30 Minuten mit einem Schneebesen durch, damit die Eiskristalle aufgebrochen werden.

TIPPS

* Servieren Sie die Granita mit Grapefruit- oder Orangenspalten in schönen Glasschalen.
* Dazu schmeckt auch ein knuspriger, buttriger Keks.

Quitten-Granita

FÜR 4–6 PERSONEN • VORBEREITUNGSZEIT: 25 MINUTEN • GARZEIT: 2 STUNDEN
GEFRIERZEIT: 5 STUNDEN • ❤ WF GF MF V

Eine stärker duftende, vollmundige Granita und ein wunderbarer Abschluss für ein Herbst-Dinner.

1½ **Quitten**
300 g **Feinstzucker**
700 ml **Wasser**
1 **Vanillestange**, längs halbiert
Saft von ½ **Zitrone**

1. Schälen und vierteln Sie die Quitten. Geben Sie Zucker, Wasser und Vanillestange in einen Topf und lösen Sie den Zucker unter Rühren auf. Bringen Sie alles zum Kochen.
2. Geben Sie Quitten und Zitronensaft zu. Lassen Sie alles 1–2 Stunden köcheln, bis die Quitten weich und rosafarben sind.
3. Entkernen Sie die Quitten. Entfernen Sie die Vanillestange.
4. Pürieren Sie die Quitten zusammen mit dem Sirup und geben Sie etwas Wasser zu, damit die Granita nicht zu dick ist.
5. Gefrieren Sie die Mischung in einem flachen, breiten Behälter ein. Rühren Sie die Masse alle 30 Minuten mit einem Schneebesen durch, damit die Eiskristalle aufgebrochen werden.

TIPPS

* Quittenpüree ist dick und schaumig und eignet sich sehr gut zum Einfrieren. Kochen Sie die Früchte lang genug, damit sie weich sind.
* Sie können auch 1–2 Teelöffel Honig in das Püree geben. Honig und Quitten harmonieren sehr gut miteinander.

Apfel-Sorbet

FÜR 4–6 PERSONEN • VORBEREITUNGSZEIT: 25 MINUTEN
GEFRIERZEIT: BIS ZU 5 STUNDEN • ❤ WF GF MF V

Eigentlich wäre Apfelschnee die bessere Bezeichnung. Es ist leicht, schaumig und weiß wie Schneegestöber. Eiweiß und Gelatine verleihen dem Sorbet seine wunderbare Textur.

500 ml **naturtrüber Apfelsaft**
50 g **Feinstzucker**
1 TL **Gelatinepulver**
1 **Eiweiß** vom **Bio-Ei**
1 Schuss **Apfelweinbrand** (nach Belieben)

1. Erhitzen Sie behutsam 250 ml Apfelsaft mit dem Zucker in einem kleinen Topf.
2. Lassen Sie in einem anderen Topf die Gelatine im restlichen Apfelsaft quellen. Erhitzen Sie sie dann behutsam, um sie aufzulösen. Vermengen Sie beide Flüssigkeiten und lassen Sie sie auskühlen. Gefrieren Sie sie im Gefrierfach.
3. Schlagen Sie das Eiweiß steif, bis sich weiche Spitzen bilden. Heben Sie es unter die gekühlte Sorbet-Basis. Fügen Sie nach Belieben den Apfelweinbrand zu und geben Sie alles in eine Eismaschine. Folgen Sie den Angaben des Herstellers.

TIPPS

* Nehmen Sie einen sehr guten Apfelsaft oder noch besser frisch gepressten Apfelsaft.
* Alternativ können Sie auch den Saft von Birnen, Pfirsichen, Wassermelone oder Trauben verwenden. Falls die Früchte sehr süß sind, geben Sie einen Spritzer Zitronensaft zu.

Gelee aus Blutorangen & Weißwein

FÜR 6 PERSONEN • VORBEREITUNGSZEIT: 10 MINUTEN • GARZEIT: 10 MINUTEN
❤ WF GF MF (V BEI VEGETARISCHEM GELIERMITTEL)

Das Wackeln eines so eben fest gewordenen Gelees hat etwas Verführerisches. Dieses hier basiert auf einem Rezept aus Richard Olneys Klassiker „The French Menu Cookbook" aus den 1970er-Jahren. Sein Rezept enthält eine Anleitung, wie man die Gelatine aus Kalbsfüßen herstellt. Glücklicherweise können wir inzwischen wirklich gute Gelatine in Form von Blättern kaufen.

150 ml **süßer Weißwein** (z.B. Muscat de Baumes de Venise)
50 g **Feinstzucker**
1 **Zimtstange**
450 ml frisch gepresster **Blutorangensaft** (5–6 Orangen)
4 Blätter **Gelatine** (ca. 40 g)

1. Kochen Sie Wein, Zucker, Zimtstange und 150 ml Orangensaft in einem Topf auf. Nehmen Sie ihn vom Herd und entfernen Sie die Zimtstange. Lösen Sie die Gelatine nach Packungsanleitung in der Mischung auf.
2. Vermengen Sie den Rest des Orangensafts in einem Gefäß mit der Flüssigkeit aus dem Topf. Gießen Sie die Mischung in eine Puddingform. Lassen Sie sie abkühlen und dann im Kühlschrank fest werden.
3. Tauchen Sie die Form 1–2 Sekunden in eine Schüssel mit heißem Wasser und stürzen Sie das Gelee auf einen Teller. Servieren Sie das Gelee mit Schlagsahne oder Crème double.

TIPPS

* Richard Olney nimmt meist Orangen- und Zitronensaft statt Blutorangensaft. Sie können mit anderen Säften experimentieren: Weißwein, Holunderblütensirup, Granatapfel-, Grapefruit- oder Limettensaft.
* Sie können das Gelee auch mit Kräutern und Gewürzen aromatisieren – z.B. passt Rosmarin zu Orangensaft oder Kardamom zu Kokosmilch.
* Fügen Sie dem Gelee ganze Früchte zu (Weintrauben, Erdbeeren, Johannisbeeren usw.) Sie können die Früchte „schweben" lassen, wenn Sie eine Schicht Gelee stocken lassen, dann die Früchte und schließlich das restliche Gelee daraufgeben.
* Einige Früchte enthalten Enzyme, die die Gelatine zersetzen, sodass diese kaum fest wird, wie Feigen, Kiwis, Mangos, Melonen, Papayas, Ananas, Ingwer.

WÄRMENDES FÜR DEN WINTER

Fünfmal Heiße Schokolade

FÜR 1 TASSE • VORBEREITUNGSZEIT: 2 MINUTEN • GARZEIT: 10 MINUTEN • V

Wärmt und beruhigt. Unsere Top-5-Vorschläge für heiße Schokolade:

Grundrezept für Heiße Schokolade

Das Rezept, auf dem alle anderen Rezepte für Heiße Schokolade basieren.

1 Tasse **Milch**
25–30 g **hochwertige dunkle Schokolade**, gerieben

1. Die Milch langsam in einem Stieltopf erwärmen. Sobald sie kochend heiß ist, aber bevor sie zu sieden beginnt, die geriebene Schokolade unterrühren, bis sie vollständig geschmolzen ist. (Beim Rühren wird die Milch praktischerweise auch gleich ein wenig aufgeschäumt.)
2. In die Tasse gießen und servieren.

Mexikanische Heiße Schokolade

Mit 1 Zimtstange, reichlich abgeriebener Orangenschale und einer Prise Chilipulver lässt sich die heiße Schokolade in ein feuriges Getränk mit südländischem Flair verwandeln. Arriba!

Natashas & Eleanors Heiße Schokolade

Das Grundrezept mit einer Handvoll Mini-Marshmallows und reichlich Schlagsahne verfeinern.

Schwedische Heiße Schokolade

Nur für Erwachsene: Einen guten Schuss Wodka einrühren und ein paar Abba-Songs dazu anhören.

Jamaikanische Heiße Schokolade

Eine gute Prise frisch gemahlener Piment und einen Schuss jamaikanischer Rum unterrühren. Und die Seele baumeln lassen.

TIPPS

* Wir nehmen immer eine hochwertige dunkle Schokolade und vermeiden so den hohen Zuckergehalt, den fertige Kakaopulver mit sich bringen.
* Wir lieben die Schokolade der Marke Original Beans – nicht nur wegen ihres ausgezeichneten Geschmacks, sondern auch weil sich das Unternehmen aktiv für den Schutz der Regenwälder und für einen nachhaltigen Kakaobohnenanbau engagiert.

Heißer Halloween-Punsch

PORTIONEN: RUND 20 • VORBEREITUNGSZEIT: KEINE • GARZEIT: 10 MINUTEN • V

Halloween 2009 waren Giles und ich auf einer Party im „Lady Castle" in Peckham (ein großes Haus voller schöner weiblicher Singles). Giles hatte die Idee, einen heißen Punsch zu machen – draußen war es schweinekalt. Wir nahmen verschiedene Dinge, die er in der Küche fand, und kreierten das hier. Die Party bekam Schwung, und dieses Gebräu ist nun jedes Halloween ein Muss.

400 ml **Brandy**
1,5 Liter **trockener Cider**
10 EL **Zucker**
300 ml **Zitronensaft**
10 Spritzer **Angostura**
2–3 **Zimtstangen**
5–6 **Gewürznelken**
Zitronenzeste als Garnitur

1. Alle Zutaten bis auf die Zeste in einen großen Topf geben und zum Köcheln bringen.
2. In Becher schöpfen und mit einem Stück Zitronenzeste garnieren.

Christmas Cocktail

PORTIONEN: 6 • VORBEREITUNGSZEIT: 2 MINUTEN • GARZEIT: KEINE • GF MF V

Zuerst hab ich ihn in einer schicken Bar in Soho getrunken und sofort gemerkt, dass meine Mum ihn toll finden würde. Ich hab ihn letztes Weihnachten für die Familie gemacht: Mum fand ihn toll, Dad hat viel zu viel davon getrunken. Nimmt man Beerenlikör statt Campari und Sprudel statt Prosecco können die Kinder mittrinken.

120 ml **Campari**
60 ml **Zitronensaft**
120 ml **Clementinensaft**
70 ml **Zuckersirup** (siehe Seite 32)
420 ml **Prosecco**
Orangenzeste als Garnitur

1. In einem Cocktailshaker Campari, Zitronensaft, Clementinensaft und Zuckersirup vermischen.
2. Eis hinzufügen und schütteln.
3. Die Mischung auf 6 Champagnergläser verteilen und mit Prosecco aufgießen. Mit einem Stück Orangenzeste garnieren.

Glögg

PORTIONEN: 10–12 • ZEIT ZUM ZIEHEN: 2–4 STUNDEN • ZEIT ZUM ERHITZEN: 20 MINUTEN • V

Kay lernte dieses Rezept von ihrer Mum und ihrem Dad, die es wiederum von skandinavischen Freunden in Bangkok bekommen hatten. Es wird Ihre Weihnachtsfeier mit Sicherheit zum Swingen bringen!

1 Flasche **Wodka**
1 Flasche **Rotwein**
5 **Kardamomkapseln**, zerstoßen
5 **Gewürznelken**
1 **Zimtstange**
1 Stück **Orangenschale**
1 Stück **frischer Ingwer**
200–300 g **Zucker** (oder nach Belieben)
geschälte Mandeln und **Rosinen** –
je 1 große Handvoll (zum Anrichten)

1. Alle Zutaten vermischen und 2–4 Stunden ziehen lassen.
2. Den Glögg langsam erwärmen. Nicht aufkochen lassen.
3. Kurz vor dem Servieren die Mandeln und Rosinen zufügen.

Irish Coffee

FÜR 4 PERSONEN • VORBEREITUNGSZEIT: 15 MINUTEN • GARZEIT: KEINE • WF GF V

Der echte Irish Coffee ist äußerst wärmend und sündhaft köstlich.

frisch gebrühter heißer **Kaffee**
4 TL **brauner Zucker**
8 EL **irischer Whiskey**
225 g **Schlagsahne**, sehr leicht steif geschlagen
4 **Irish-Coffee-Gläser**

1. Brühen Sie den Kaffee.
2. Geben Sie 1 Teelöffel Zucker in jedes Glas und gießen Sie den heißen Kaffee hinein, aber lassen Sie zum oberen Rand des Glases 2–3 cm frei. Rühren Sie behutsam um.
3. Geben Sie 2 Esslöffel Whiskey in jedes Glas.
4. Gießen Sie die geschlagene Sahne über einen Löffelrücken in die Gläser.

TIPPS

* Durch den Zucker und den Alkohol schwimmt die Sahne obenauf, sodass der Irish Coffee einem Guinness ähnelt. Lassen Sie diese Zutaten also nicht weg.
* Irish Coffee sollte langsam durch die Sahne getrunken werden, deshalb ist es wichtig, die Sahne nicht zu steif zu schlagen.

Wodka Espresso

PORTION: 1 • VORBEREITUNGSZEIT: 1 MINUTE • GARZEIT: KEINE • V

Seit Mitte der 90er ist dieser Cocktail ein Favorit der Londoner Barszene. Gerüchten zufolge war sein Geburtsort die Pharmacy – Damien Hirsts nicht mehr bestehendes Lokal in Notting Hill. Ein erfahrener Barmann kann am Beinwippen oder Kopfzucken eines Gastes erkennen, wie viele dieser koffeinträchtigen Drinks er intus hat. Nach dreien ist es fast unmöglich, sitzen zu bleiben.

40 ml **Wodka**
20 ml **Kahlua**
35 ml **Espresso**
Zucker
Kaffeebohnen als Garnitur – nach Wunsch

1. Wodka, Kahlua, Espresso und ein bisschen Zucker (wenn Sie es süßer haben wollen) in einen Cocktailshaker geben. Viel Eis hinzufügen und 10 Sekunden richtig fest schütteln, damit Sie eine schöne Schaumkrone im Glas haben.
2. In ein Martini- oder Champagnerglas gießen und mit 3 Kaffeebohnen garnieren, falls vorhanden.
3. Dieses Rezept ist für einen Cocktail. Sie kriegen vielleicht zwei in einen Shaker, aber ab drei müssen Sie auf die Schaumkrone verzichten.

UMRECHNUNGSTABELLE FÜR HÄUFIG GEBRAUCHTE MASSE IN GROSSBRITANNIEN

FLÜSSIGKEITEN

15 ml	1/2 fl oz
25 ml	1 fl oz
50 ml	2 fl oz
75 ml	3 fl oz
100ml	3 1/2 fl oz
125 ml	4 fl oz
150 ml	1/4 pint
175 ml	6 fl oz
200 ml	7 fl oz
250 ml	8 fl oz
275 ml	9 fl oz
300 ml	1/2 pint
325 ml	11 fl oz
350 ml	12 fl oz
375 ml	13 fl oz
400 ml	14 fl oz
450 ml	3/4 pint
475 ml	16 fl oz
500 ml	17 fl oz
575 ml	18 fl oz
600 ml	1 pint
750 ml	1 1/4 pints
900 ml	1 1/2 pints
1 Liter	1 3/4 pints
1.2 Liter	2 pints
1.5 Liter	2 1/2 pints
1.8 Liter	3 pints
2 Liter	3 1/2 pints
2.5 Liter	4 pints
3.6 Liter	6 pints

GEWICHTE

5 g	1/4 oz
15 g	1/2 oz
20 g	3/4 oz
25 g	1 oz
50 g	2 oz
75 g	3 oz
125 g	4 oz
150 g	5 oz
175 g	6 oz
200 g	7 oz
250 g	8 oz
275 g	9 oz
300 g	10 oz
325 g	11 oz
375 g	12 oz
400 g	13 oz
425 g	14 oz
475 g	15 oz
500 g	1 lb
625 g	1 1/4 lb
750 g	1 1/2 lb
875 g	1 3/4 lb
1 kg	2 lb
1.25 kg	2 1/2 lb
1.5 kg	3 lb
1.75 kg	3 1/2 lb
2 kg	4 lb

LÄNGEN

5 mm	$^1/_4$ inch
1 cm	$^1/_2$ inch
1.5 cm	$^3/_4$ inch
2.5 cm	1 inch
5 cm	2 inches
7 cm	3 inches
10 cm	4 inches
12 cm	5 inches
15 cm	6 inches
18 cm	7 inches
20 cm	8 inches
23 cm	9 inches
25 cm	10 inches
28 cm	11 inches
30 cm	12 inches
33 cm	13 inches

Symbolschlüssel für die Rezepte

❤	WENIG GESÄTTIGTE FETTSÄUREN
✓	GUTE KOHLENHYDRATE (NIEDRIGER GI = GLYKÄMISCHER INDEX)/GUTER ZUCKER
WF	WEIZENFREI
GF	GLUTENFREI
MF	MILCHFREI
V	VEGETARISCH
	ÜPPIGE SCHLEMMEREI
TIPP	BACKTIPPS, ZUSÄTZLICHE INFORMATIONEN UND ALTERNATIVEN

Index

Die Originalausgabe erschien 2013 bei Conran Octopus Ltd.

Herausgeber: Alison Starling
Redaktion: Sybella Stephens
Redaktionsassistenz: Stephanie Milner
Art Director: Jonathan Christie
Art Direction, Design & Illustrationen: Anita Mangan
Designassistenz: Abigail Read
Fotografien: Georgia Glynn Smith
Produktion: Katherine Hockley

Deutsche Ausgabe
Verlagskoordination: Marisa Botz
Satz: Marina Teschner

ISBN 978-3-8321-9478-9
www.dumont-buchverlag.de

Printed in China

Eine Anmerkung der Autoren:
Wir haben versucht, bei der Angabe aller Vorbereitungs- und Garzeiten für die Rezepte in diesem Buch, so genau wie möglich zu sein. Trotzdem handelt es sich dabei um Schätzungen, die auf unserer eigenen Zeitnahme während des Ausprobierens der Rezepte beruhen und die als bloße Orientierungshilfe, nicht aber als wortwörtliche Wahrheit, betrachtet werden sollten. Wir waren auch bemüht, all unsere Food Facts gewissenhaft zu recherchieren, aber wir sind keine Wissen-schaftler. Also sind unsere Food Facts und unsere Ernährungs-Ratschläge nicht absolut gültig. Falls Sie das Gefühl haben, dass sie Rat von einem Ernährungsberater benötigen, bitten Sie Ihren praktischen Arzt um eine Empfehlung.